AF 124973

Für

Cerstin und Pit, ohne deren Optimismus, Ermunterung und tatkräftige Unterstützung dieses Buch nicht existieren würde.

Martina Anschütz

Die Krankenarztschwester

Kindergeschichten aus einer Arztpraxis

© 2015 / 2.Auflage / M. Anschütz

Illustration: **viele Kinder**
Layout: **Cerstin Schöneich**
weitere Mitwirkende: **Peter Gutjahr**

Herstellung und Verlag:
BoD – Books on Demand, Norderstedt

ISBN: 978-3-7357-2377-2

Inhalt

Ärgernis

Anton ist etwas über ein Jahr alt und stark erkältet. Während seine Mutter dem sich heftig sträubenden Kleinkind die verkleisterte Nase putzt, fragt sie mitfühlend: „Nicht wahr, Anton, das Naseputzen ärgert dich?"

Anton brummt zustimmend und bekommt einen Hustenanfall.

„Ach du Armer", jammert seine Mutter, „noch so ein Ärgernis".

Und weil Anton sehr sprachbegabt ist und nicht nur einzelne Wörter wie beispielsweise Auto und Ball kennt, möchte sie jetzt vorführen, dass er auch schon medizinisches Vokabular beherrscht. Sie nimmt noch mal Bezug auf seinem Husten und bittet: „Sag doch der Ärztin mal, was dich noch ärgert!"

Die Antwort kommt prompt und wie aus der Pistole geschossen: „Papa!"

Körperteile

Am Ende der Vorsorgeuntersuchung war das Kind immer noch misstrauisch und schweigsam. Die Verständigung war nur sehr zögerlich und eingeschränkt möglich. Sämtliche Aufforderungen wurden mit beharrlichem Schweigen quittiert.

Aber auf die Frage: "Wo ist denn dein Bauch?" wanderte der kleine Zeigefinger dann doch schüchtern in Richtung Nabel.

Lob beflügelt bekanntermaßen und nachdem das Kind ausgiebig für sein Wissen gelobt worden war, ging es beim Nase zeigen schon etwas flotter.

Trotzdem waren wir alle überrascht, als wir uns noch nach dem Standort der Ohren erkundigten.

Die Antwort kam blitzartig und wie aus der Pistole geschossen: „Die hab ich draußen gelassen!"

Futterneid

Eine Oma erzählte uns, dass Peters Eltern dessen Süßigkeitenkonsum einschränken wollten und ihr daher verboten hatten, dem Enkel welche zu kaufen. Beim nächsten Besuch stand die Oma vor einem Dilemma. Peter bettelte eindringlich um etwas zu Naschen, aber sie wollte die Eltern auch nicht hintergehen. Da kam ihr eine Idee: „Weißt du Peter, dein Papa fährt mich nachher noch zu meiner Ärztin. Und wenn du mitkommst, schenkt die dir bestimmt wieder ein paar Gummibärchen."

Peters Augen leuchteten auf, bevor sich sein Blick wieder verfinsterte. „Was ist los, gefällt dir meine Idee nicht?", fragte die Oma etwas ratlos.

„Doch", antwortete Peter, „aber ihr sollt nicht mit. Ich will die für mich alleine haben!"

Artikulationsstörung

Henry erweist sich bei der Vorsorgeuntersuchung als pfiffiges, aufgeschlossenes Kerlchen. Trotzdem vergewissert sich meine Arzthelferin bei seiner Mutter, ob es mit ihm besondere Probleme gäbe. Bevor die Mutter jedoch antworten kann, meldet Henry sich laut und deutlich zu Wort:

„Ja, mit mir gibt es ein Problem. Ich kann nämlich das Wort *Strickjacke* nicht sagen. Ich sag bloß immer nur *Schrickjacke*."

Blitzlichter

Diffizile Verbpräfixe

Als ich zu Beginn einer Untersuchung nach meinem Stethoskop greife, fragt mich der kleine Benny: „Tante, horchst du mich jetzt aus?"

Kompliziertes Hobby

Interessiert beobachtet Julie mein Hantieren mit Stethoskop, Otoskop und Computer, bevor sie mich plötzlich fragt:
„Tante, machst du das aus Spaß, oder ist das deine Arbeit?"
„Beides", erwidere ich lachend.

Merkwürdige Possessivpronomen

Der vierjährige Aron zeigt im Warteraum erregt auf Lena und ruft: „Die kenn ich aus meinem Kindergarten. Ich bin nämlich seine Freundin!"

Kältephysik

Christian erklärt: „Also, wenn du Wasser in eine Tiefkühltruhe tust, dann wird es Eis. Eis ist nämlich gefrorenes Wasser. Und Schnee ist getrocknetes Wasser."

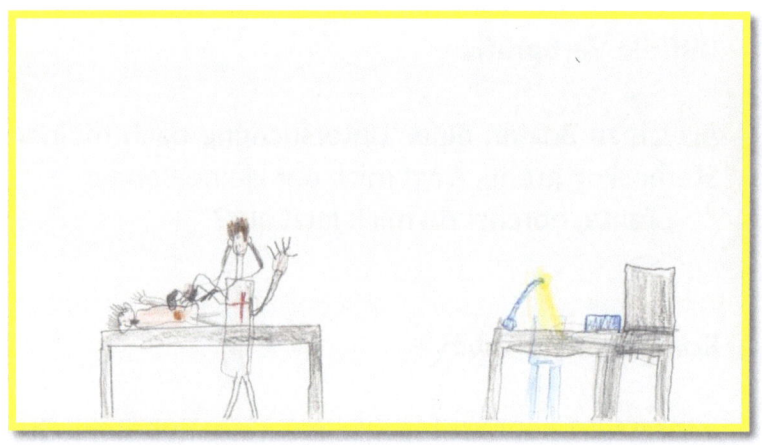

Vergängliche Jugend

Ausgerechnet an ihrem Geburtstag muss Lana wegen einer heftigen Erkältung gemeinsam mit ihrer Mama die Praxis aufsuchen.

„Hallo", begrüßt sie meine Arzthelferin, „du bist aber groß geworden. Und du hast heute sogar Geburtstag! Wie alt bist du denn geworden?"

„Ich bin schon drei Jahre alt", berichtet Lana stolz.

„Wow, schon ganze drei Jahre! Das hätte ich jetzt gar nicht gedacht, aber du warst auch schon lange nicht mehr bei uns."

„Ja, aber" - Lana blickt sich prüfend in unseren Räumen um, bevor sie feststellt- „als ich noch jung war, war ich schon mal hier."

Die Kopie

„Also meiner Tochter geht es heute zwar besser, aber dafür mir schlechter", begrüßt mich die Mutter der vierjährigen Kati. „Gut, dann würde ich gerne beide noch mal abhören", erwidere ich. Woraufhin Kati die Augen verdreht, um im Originalton eines genervten Erwachsenen laut zu stöhnen: „Das hat uns gerade noch gefehlt."

Alles was fliegt

Klare Ansage

Die dreijährige Leni baute sich vor ihrer Mutter auf und deutete fragend auf den Fund in ihrer Hand: „Mama, was ist das?" „Das sind meine Tabletten", kam Mamas ausweichende Antwort. Offensichtlich mit der Auskunft unzufrieden, forderte Leni genauere Angaben: „Und wofür sind die?" „Damit die Mama keine Babys mehr bekommt." Leni schwieg einen Moment nachdenklich und verarbeitete die Information. Dann kam in einem Ton, der keinen Widerspruch duldete, das Ergebnis ihrer Überlegungen: „Gut. Aber nächstes Jahr nimmst du die nicht mehr! Wir wollen nämlich noch eins!"

Überraschung

Es war Vorweihnachtszeit und jedes Thema drehte sich um das bevorstehende Fest. Wie jedes Jahr war die Welt der Erwachsenen von hektischer Betriebsamkeit erfüllt und die der Kinder von sehnsüchtiger Hoffnung und aufgeregter Vorfreude. Als Janek mit seinem Vater die Praxis betrat, strahlten seine Augen angesichts unserer üppigen Weihnachtsdekoration. Während mir der Vater erzählte, dass sein Sohn schon seit drei Tagen über Bauchschmerzen und zeitweise Übelkeit klage, wirkte Janek eher unbeeinträchtigt und erzählte strahlend, dass der Nikolaus im Kindergarten gewesen sei. Ich bat das Kind zur Untersuchungsliege und begann, seinen Bauch abzutasten. Es ist ziemlich nützlich, wenn Kinder dabei erzählen und abgelenkt sind, sonst ist es leicht möglich, dass sie vorsichtshalber und aus Angst bei jeder Berührung Schmerzen angeben. Also war ich glücklich und zufrieden, mich während der Untersuchung mit Janek lebhaft über Nikolausgeschenke und den Weihnachtsmann unterhalten zu können. Ganz zuletzt stellte ich dann auch die Frage aller Weihnachtsfragen: „Na, was wünschst du dir denn nun vom Weihnachtsmann?" Daraufhin wurde es plötzlich still im Raum. Das eben noch so fröhliche Geplapper verstummte abrupt und Janeks Gesichtszüge verschlossen sich. Seltsame Reaktion für ein kleines Kind. Fragend blickte ich in Richtung Vater, der uns aufmerksam beobachtet hatte. Dieser zuckte resigniert die Achseln. „Sehen Sie", erklärte er seufzend, „genau das ist unser Problem. Uns verrät er es nämlich auch nicht. Er sagt, es soll eine Überraschung werden!"

Fremdsprachen

Wieder einmal ist ein Kind während seiner Vorsorgeuntersuchung sehr schweigsam. Daher frage ich die Mutter, ob Tom schon Zweiwortsätze spricht. Die Mutter überlegt. „Eigentlich ist er sprechfaul. Andererseits, wenn er sich Mühe gibt, kann er sogar schon Fünfwortsätze sagen. Allerdings setzen diese Sprechversuche ein bisschen Kreativität bei seinen Zuhörern voraus und natürlich ein mitteilungswürdiges Ereignis." „Fünf Wörter in einem Satz?" Ich staune nicht schlecht, denn das ist für ein zweijähriges Kind ungewöhnlich. „Können Sie mir einen Beispielsatz nennen?" Die Mutter schmunzelt hintergründig, bevor sie antwortet: „Da! Dagdor - tug tug - bschschscht A - A - iiiih!" Obwohl ich so eine Ahnung habe, frage ich nach. „Na ja", lacht sie jetzt. „Im Volltext soll es wahrscheinlich heißen: Da schau hin. Da draußen fährt ein Traktor tuckernd über den Acker und verspritzt zischend übel riechende Gülle. Ist das nicht ekelhaft?" „Aber es geht eben auch einfacher".

Gut aufgepasst

Hannes Mutter war immer noch „schockgefrostet", als sie folgende Szene wiedergab. Sie war mit ihrem dreijährigen Sohn in einer großen Kaufhalle zum Wochenendeinkauf, als sie ihrem Chef begegnete. Es gibt Menschen, die sollte man lieber nicht übersehen, auch wenn die Einkaufsgeduld von Mutter und Kind schon schwer strapaziert war. Also höfliches Grüßen und hoffentlich kurzer und belangloser Smalltalk, während Hannes unruhig an der Mutterhand zerrte. Die heftigen Wegziehversuche lenkten die Aufmerksamkeit des Chefs gönnerhaft auf das Kleinkind mit den inhaltsschweren Worten: „Na, du?" Daraufhin erstarrte Hannes und blickte fragend zu seiner Mutter. „Mama, wer ist das?" „Das ist mein Chef, Hannes." Hannes überlegte einen Moment. Man konnte richtig sehen, wie die Suchmaschine das kleine Kinderhirn nach Treffern durchforstete. Dann plötzlich die Erleuchtung. Der Zusammenhang war gefunden und mit einem zufriedenen Lächeln in Chefs Richtung konstatierte das Kind: „Dann bist *du* also der Arsch."

Kleines Wörterbuch

Apopokatete:
(die), Apotheke
Bampehell:
(die), Lampe, Zusammensetzung aus den Wörtern „Lampe" und „hell"
Biegel:
(der), gemeint hier nicht eine Hunderasse, sondern ein Spiegel
Bunte Geier:
(die), Mehrzahl von Papagei, auch gern bezeichnet als „Gagapei"
Buntis:
(die), auf Gelantinebasis hergestellte, bärchenförmige Nascherei in bunten Farben, auch: Gummibärchen
Colette:
(das), Kotelett
Cony:
(das), gemeint hier: ein Pony

Dember:
(der), Sammelbezeichnung für die Monate
September bis Dezember mit Ausnahme des
Oktobers
Dornhöschen:
(das), bekannte Märchenfigur, in seiner Original-
fassung allerdings etwas blumiger
Feujasandamanda:
(der oder die), Wort mit fünf „a", oder auch Feu-
ersalamander
Fliedermann:
(der), soll eigentlich Fliegermann heißen, gemeint ist ein Pilot,
Gastschnitte:
(die), Gaststätte, siehe dazu aber auch: Gaststättnerin
Gaststättnerin:
(die), Wirtin
Krankenarztschwester:
(die), praktische Sammelbezeichnung für medizinisches Personal
Krottel:
(der), = Sprechübung einer Mutter für ihr Kind,
das noch kein „d" und „t" sprechen kann, gemeint ist eigentlich ein Trottel, in der Variante
für Fortgeschrittene, gern auch: „grei Krottel"
Lillililing:
(der), Schmetterling
Mupfen:
(der), Luftballon, Herkunft des Wortes unklar

33

Nöftkaffee:
  (der), Kaffeelöffel
Oyergokse:
  (der), Auerochse
Physioterrorist:
  (der), eigentlich Physiotherapeut, aber
  möglicherweise Unterart der Gattung
Rachu:
  (der), eine etwas eigenwillige Bezeichnung für
  Pfannkuchen
Schluckab:
  (der), Schluckauf
Schnapsfelder, schöne:
  (die), hier gemeint: schöne Rapsfelder
Tra-tra!
  (?), Aufforderung: „Trag mich!"
Wiefahrann:
  (die), Briefmarken
Würfie:
  (die), Würstchen
Wummel:
  (die), Hummel
Ziegeln:
  (die), Ziegen
Zwinglinge:
  (die), Zwillinge

Störgeräusche

„Cora hustet jetzt schon drei Wochen lang." Der Vater schaute mich unzufrieden an. „Wir haben ihr schon alle möglichen Hustensäfte gegeben, aber ohne Erfolg." Ich fragte nach: „Stört der Husten mehr am Tag, oder in der Nacht?" „Nachts ist es am schlimmsten. Sie wird dauernd wach und bricht fast beim Husten." „Und haben Sie es schon einmal mit einem Hustenstiller probiert?", wollte ich wissen. Während der Vater noch den Kopf schüttelte, regte sich bei der vierjährigen Cora Widerspruchsgeist. Offenbar hatte ihr Hirn die Worte „Husten" und „still" zu einer sinnvollen Kombination zusammen gefügt, denn sie zupfte ihren Vater am Ärmel: „Aber der Opa und du, ihr habt doch immer solche Ohrenstöpsel!" Ein bisschen verlegen wandte sich der Vater an mich und erklärte: „Na ja, wir nehmen mitunter Ohropax." Auch eine Möglichkeit. Zumindest für die Mitmenschen ist der Husten damit gestillt.

Schonungslos

Sechs Tage vor Weihnachten war Sarahs Schwester zur Welt gekommen. Die Fünfjährige begleitete ihre Familie stolz zur Vorsorge. Sie saß mit auf der Untersuchungsliege und beobachtete mit ausgeprägtem Beschützerinstinkt mein ärztliches Tun. Mit Blick auf die erschöpfte Mutter bat meine Arzthelferin das Kind: „Also Sarah, ihr müsst der Mutti jetzt ein bisschen helfen. Sie ist noch ganz schwach." Triumphierend schaute Sarah zu ihrem Vater: „Siehst du, Papa, du darfst nämlich nicht nur auf der Couch hocken, Fernsehen gucken und Bier trinken. Du musst auch mal die Spülmaschine ausräumen!" „Aber das mache ich doch auch", verteidigte sich der Vater. „Gar nicht wahr", beharrte Sarah. „Das mache immer ich. Nur bei den Schränken ganz oben musst du mir manchmal helfen. Weil ich da noch nicht hin komme. Stimmt`s Mama?" Und während die Mama zustimmend lächelte, konnte man dem Gesichtsausdruck des Vaters entnehmen, dass heute vermutlich der letzte Arztbesuch war, zu dem er seine Frauen begleitet hatte.

Nachhilfe Geometrie

Mit fünf Jahren sollten Kinder einfache geometrische Figuren erfassen und nachzeichnen können. Also malte die Arzthelferin Kreis, Viereck und Dreieck auf ein weißes Blatt und bat Marlene, es auch zu probieren. Marlene folgte der Aufforderung mühelos und ungeduldig, da ihre Aufmerksamkeit schon längst wieder anderen Dingen galt. „Das ist aber ein winziges Viereck, was du da gemalt hast", stellte die Arzthelferin fest. „Nein", konterte Marlene, „das ist doch kein Viereck, sondern ein Quadrat!" „Oh, du bist aber schlau", staunte die Helferin. „Kannst du es trotzdem größer zeichnen?" Die Antwort war verblüffend: „Nahein, da wird es doch ein Rechteck!"

Mangelerscheinung

Eine Mutter berichtete mir von ihrem kleinen Sohn. Er hatte eine heiß geliebte Kindergärtnerin, bei der er sich extrem wohl fühlte. Sie war eine ruhige und erfahrene Frau mit einem kurvenreichen, üppigen Körperbau und einer wunderbar mütterlichen Ausstrahlung. Eines Tages hatte die Grippe fast das ganze Team lahm gelegt, und die Kinder bekamen vertretungsweise eine Neue. Robert betrachtete sich die Gestalt unzufrieden. Sie war ein typischer Fall von Magermodell mit knochigen Konturen und ohne ein Gramm Fett. Eine Weile schlich er um die Frau herum, bevor er sich mit seiner Frage unsicher an sie wandte: „Tante, hast du auch eine Brust?" „Natürlich habe ich auch eine Brust", schnickste das Magermodell etwas ungehalten zurück. Nachdenklich bat das Kind: „Bringst du die morgen mal mit?"

Mengenlehre

Ultraschall ist eine angenehme, weil schmerzfreie Untersuchung. Kindern ist sie indes trotzdem suspekt: der Raum ist dunkel, man muss still liegen, und das Koppel-Gel ist kalt auf dem Körper. Um ein wenig von diesen Unannehmlichkeiten abzulenken, versucht meine Arzthelferin, das Kind in ein Gespräch zu verwickeln:

Schwester: „Sag mal, wie alt bist du denn? Weißt du das schon?"
Kind: „Ich bin vier, hab nämlich erst Geburtstag gehabt."
Schwester: „Ui toll, gab es auch eine Geburtstagstorte?"
Kind: „Ja."
Schwester: „Und wie viele Kerzen waren da drauf?"
Kind: Schweigt. Überlegt.
Schwester: „Waren es vielleicht vier Kerzen?"
Kind: (erleichtert) „Ja."
Schwester: „Oder doch nur drei?"
Kind: (zögernd) „Nein."

Schwester: „Weißt du auch, warum es nicht nur drei
             Kerzen waren?"
Kind: „Weil sie nicht gereicht haben."

Erwischt

Bestimmte Buchstaben und Laute sind für Kleinkinder nicht immer ganz leicht zu erlernen. Deshalb war es auch nicht weiter verwunderlich, dass der vierjährige Ben beim kinderärztlichen Entwicklungstest „Tusseltier" statt Kuscheltier antwortete. Allerdings stellte das gezeigte Bild eigentlich eine Puppe dar, weswegen die dabei anwesende Großmutter auch sofort intervenierte: „Aber Ben, schau hin, das ist doch kein Kuscheltier, sonder eine Puppe!" Woraufhin Ben ärgerlich die Stirn in Falten legte und erwiderte: „Aber das ist doch egal! Die Mama sagt auch immer, dass der Papa mit der neuen Puppe tusselt."

Merkwürdiger Besuch

Michael war das erste Mal in seinem Leben zu Silvester noch wach. Als die allgemeine Knallerei begann, drückte er sich ängstlich an seine Mutter. „Mama, warum machen die da draußen so einen Lärm?", fragte er verständnislos. Die Mutter versuchte zu erklären: „Wir schießen bunte Raketen in den Himmel, weil wir das kommende Jahr begrüßen wollen." Kurz darauf war Michael verschwunden. Erst nach langem Suchen entdeckte ihn der Vater auf der Treppe vor der Wohnungstür. „Was um aller Welt machst du denn hier draußen?", wollten die besorgten Eltern von ihm wissen. Michael schüttelte genervt den Kopf. „Ich habe auf das Jahr gewartet, das kommen soll. Aber das ist alles Quatsch. Aber es kommt ja gar keiner!"

DIE SCHNEEKÖNIGIN

9. Januar 07

Schmerzhafte Festbeleuchtung

Amanda war gerade in die erste Klasse gekommen, als ihre Mutter uns aufsuchte. Die Art ihrer Symptome erforderte eine umfangreiche Untersuchung und die Abnahme einer Blutprobe, was natürlich bei dem Mädchen auf wenig Gegenliebe stieß. Um ihr die Angst, etwas zu nehmen, begann meine Arzthelferin wie üblich, das Kind in ein Gespräch zu verwickeln: „Also Amanda, du bist ja jetzt schon ein großes Schulkind. Gehst du denn gerne in die Schule?" Amanda nickte unsicher. „Und gibt es in deiner Klasse mehr Mädchen oder mehr Jungen?" Amanda dachte angestrengt nach, bevor sie klug bemerkte: „Das kommt darauf an, ob mehr Mädchen oder mehr Jungen krank sind." „Ach *so* ist das bei euch. Aber wie schaut es aus, wenn alle gesund sind?", fragte die Helferin nach. „Na, dann sind *alle* mehr da!"
Schmunzelnd drückten wir ein Pflaster auf die Ellenbeuge, denn die Blutabnahme war beendet.
Amanda hüpfte von der Liege und erklärte: „Aber vielleicht hab ich doch sowieso nur Wachskerzen-

beschwerden!" Etwas ratlos schauten wir die Mutter an. „Na ja", lächelte sie, „offenbar verquickt Amanda die Wachskerzen, die wir gestern für den Adventskranz gekauft haben, mit Omas Rede über Wachstumsbeschwerden." Und seither hat sie eben Wachskerzenbeschwerden.

Preiswerter Urlaub

Nils ist drei Jahre alt. Er kann noch nicht fließend sprechen und bezeichnet sich selbst noch in der dritten Person. Aber er hat schon feste Zukunftsvisionen. Kopfschüttelnd berichtet mir seine Mutter eines Tages, dass es ihr absolut nicht gelingt, Nils für den geplanten Familienurlaub zu begeistern. Sie versucht alles: schwärmt von den großen Flugzeugen, dem schönen Wetter, dem Badespaß im warmen, riesigen Meer, von Sandburgen, Eis essen und Wellenhopsen. Nils schweigt verbittert.

Schließlich versucht sie ihn sachte, zu irgendeiner Auskunft zu bewegen. Als letztlich niemand mehr daran glaubt, antwortet Nils endlich. Sehr langsam, mühsam und Silbe für Silbe nachdrücklich betonend, formuliert er finster:

„Nils Berg-mann möch-te nicht in Ur-laub.“

„Nils Berg-mann möch-te Ra-sen-mä-hen!“

Missverständnis

Jana war knapp fünf Jahre, als sie den ersten Vorschultest beim Kinderarzt absolvierte. Da sie selten krank war, waren ihr die Umgebung und die vielen Fragen der Schwestern eher unheimlich. Ihre Antworten waren schüchtern und leise, aber folgerichtig. Irgendwann fragte die Schwester, um alles etwas aufzulockern: „Sag mal, wie heißt du eigentlich?" „Jana, kam es zögerlich. „Und wie weiter?" „Nichts weiter." „Aber du hast doch bestimmt auch einen Nachnamen, oder?" Jana schüttelte misstrauisch den Kopf. „Aber doch, jeder Mensch hat einen Nachnamen" erklärte die Schwester. „Vorne kommt Jana, und wie heißt das dann hinten?" Ah, Janas Gesichtchen erhellte sich.

„Das ist doch ganz einfach - hinten das heißt Po!"

Kurzfassung

„Ich kann schon die Monate!" Friederike platzt fast vor Stolz. „Das ist ja wirklich großartig, wenn du das schon kannst." Wir wundern uns gebührlich und ehrlich, denn Rike ist erst drei Jahre alt. „Willst du uns die Monate denn mal aufzählen?", fragen wir neugierig. Friederike nickt und beginnt langsam zu zählen: „Janjar, Febra, März, Maipril, Dember, Dember, Dember." Eine gelungene Zusammenfassung, wie wir finden.

Ordnungssinn

Charlotte baute sich vor meiner Arzthelferin auf und sah sie für ihre fünf Jahre bemerkenswert streng an. „Tante, du magst wohl keine Ordnung?", fragte sie. Überrascht blickte die Schwester auf. „Doch, natürlich, wie kommst du denn da drauf?" Mit einem Blick auf deren viele Wuschellocken antwortete das Kind: „Und warum ist dann immer so eine Unordnung auf deinem Kopf?"

Namensgebung

„Richard Fuchs sitzt schon im Kindersprechzimmer und wartet auf Sie", teilt mir meine Sprechstundenhilfe im Vorbeigehen mit. „Kenne ich nicht", zuckt es mir durch den Kopf. Aber als ich den fünfjährigen Jungen erblicke, der auf dem Schoß seines Vaters auf seine Vorsorgeuntersuchung wartet, stelle ich fest, dass ich das Kind natürlich doch kenne. Allerdings unter anderem Nachnamen. „Hey", begrüße ich Richard, „jetzt habe ich doch glatt gedacht, dass ich dich gar nicht kenne. Du hast ja einen neuen Namen!" Richard nickt langsam und mit ernster Miene, die sein gesamtes Unverständnis über die wundersame Welt Erwachsener widerspiegelt. Seufzend zeigt er mit dem Daumen über seine Schulter in Richtung seines Vaters und erklärt:

„Ja. Das ist, seit wir den da geheiratet haben."

Spurlos verschwunden

Seit drei Wochen ist der dreijährige Pepe jetzt „großer Bruder". Deshalb führt ihn sein erster Weg morgens immer am Kinderbett des Winzlings vorbei, um ihm liebevoll den Nuckel in die Schnute zu stopfen oder der Mama Erziehungstips zu geben. Auch heute kommt er wie ein Wirbelwind um die Ecke gebraust, aber: Das Bettchen ist leer. Der kleine Bruder hatte sein Frühstück heute etwas eher anberaumt. Pepe bremst abrupt ab und zeigt anklagend mit seinem Finger auf die leere Schlafstätte. Dann dreht er sich zu seiner Mutter um und fragt streng: „Mama, hast du das etwa verschlumpert?"

Umtriebiger Santa Klaus

„Ich weiß, was bei meiner Mama im Bauch ist!",
teilte uns Marlene mit wichtiger Miene mit. „Etwas
zu essen?", erkundigten wir uns. „Na-hein, ein
Baby!" „Oh toll, weißt du auch schon, ob es ein
Schwesterchen oder ein kleiner Bruder wird?"
Marlene schüttelte missbilligend den Kopf: „Nein,
das wissen wir noch nicht. Das ist noch ein Geheim-
nis." Wir fragten weiter: „ Aber du freust dich darauf, oder?" Angesichts solch dummer Fragen
konnte das Kind nur noch die Augen verdrehen: „Na
klar, das hab ich mir doch vom Weihnachtsmann ge-
wünscht!"

Gefährliche Therapie

Helena beobachtet aufmerksam die Untersuchung ihres nur wenige Wochen alten Brüderchens Felix. Mir fällt auf, dass Felix seinen Kopf nur nach rechts drehen mag und sich allen Versuchen, seine Aufmerksamkeit in die Gegenrichtung zu lenken, lautstark widersetzt. Auch der Mama ist es schon aufgefallen und so schlage ich vor, Felix krankengymnastisch zu behandeln. Argwöhnisch fragt Helena nach: „Und wo soll mein Felix jetzt hin?"
„Er soll in eine Physiotherapie, damit die dort ein bisschen Sport mit ihm machen."
„Ach so, das kenn ich", verkündet Helena: „Meine Mama ist nämlich auch Physioterrorist."

Wie so oft bleiben wir zurück mit der Frage: War das eben ein akustisches Missverständnis, oder weiß das Kind einfach mehr als wir?

Dank

Ich möchte ich mich ganz herzlich bei allen Kindern und deren Eltern bedanken, die uns mit ihren Geschichten, Bildern und Anekdoten immer wieder Freude machen und unseren Alltag erhellen. (Alle vorkommenden Namen wurden natürlich geändert.) Ein weiteres dickes Dankeschön geht an Karl-Heinz Gollhardt für das gründliche Korrekturlesen und seine vielen kritischen Tipps. Mein besonderer Dank gilt außerdem meinen Arzthelferinnen, die mit dafür gesorgt haben, dass die kleinen Sternstunden nicht in Vergessenheit geraten sind. Und meinen Freundinnen Cerstin, Conny, Conny, Geli und Michaela sowie meinen Kindern Julia und Clemens für ihre Meinung beim Probelesen und ihren Zuspruch, vor allem aber für ihr Lachen, das mir beim Weitermachen sehr geholfen hat.